DESCONSIDERAÇÃO DA PERSONALIDADE JURÍDICA INVERSA NOS PROCESSOS DE NATUREZA ALIMENTAR

Pietra Duarte de Mendonça

DESCONSIDERAÇÃO DA PERSONALIDADE JURÍDICA INVERSA NOS PROCESSOS DE NATUREZA ALIMENTAR

1ª Edição
Goiânia

ANGELIA
EDITORA
2024

Dados Internacionais de Catalogação na Publicação (CIP)
(Câmara Brasileira do Livro, SP, Brasil)

Mendonça, Pietra Duarte de
Desconsideração da personalidade jurídica inversa nos processos de natureza alimentar / Pietra Duarte de Mendonça. -- Goiânia, GO : Angelia Editora, 2024.
48 p.

ISBN 978-65-83134-48-6

1. Alimentos (Direito de família) 2. Desconsideração da personalidade jurídica 3. Direito civil - Brasil I. Título.

24-242241 CDU-347.6

Índices para catálogo sistemático:

1. Brasil : Desconsideração da personalidade jurídica : Direito de família : Direito civil 347.6

Aline Graziele Benitez - Bibliotecária - CRB-1/3129

Mesmo submetida e aprovada pelo Conselho Editorial da Angelia Editora previamente à publicação, as autoras responsabilizam-se publicamente pelo conteúdo da obra, garantindo que é de autoria própria, assumindo integral responsabilidade de natureza moral ou patrimonial diante de terceiros em razão de seu conteúdo, declarando que o trabalho é original, livre de plágio e que não infringe quaisquer direitos de propriedade intelectual de terceiros, não havendo qualquer interesse comercial ou irregularidade que comprometa a integridade desta obra.

À minha mãe, Luciana e meu pai, Galvani, que me ensinam todos os dias o verdadeiro significado de amor.

Melhor do que ser feliz, é viver!"
Vinicius de Moraes

SUMÁRIO

1 INTRODUÇÃO

O presente trabalho analisa a possibilidade de aplicação do incidente da desconsideração da personalidade jurídica, na sua modalidade inversa ou invertida, em processos de natureza alimentar, visando que o credor dos alimentos venha a ter seu crédito satisfeito, através da quebra da autonomia patrimonial existente entre pessoa física e pessoa jurídica.

Tal abordagem se faz necessária diante dos inúmeros episódios de fraudes, tentadas ou cometidas por devedores (alimentantes), na intenção de prejudicar ou abster-se do pagamento da obrigação aos seus credores (alimentandos ou alimentados), utilizando-se da pessoa jurídica como instrumento hábil para burlar a legislação.

É importante salientar também a importância do trabalho para a prática de estudo, tendo em vista que os Juízes e Tribunais de Justiça entendem ser possível a incidência de tal instituto para que o devedor (alimentante) se veja coagido ao pagamento da obrigação alimentar.

O objetivo deste trabalho é demonstrar como têm sido julgados tais casos, evidenciando os aspectos processuais inerentes ao incidente, bem como contribuir para que a aplicabilidade deste instituto seja considerada uma medida necessária.

2 A DESCONSIDERAÇÃO DA PERSONALIDADE JURÍDICA INVERSA NOS PROCESSOS DE NATUREZA ALIMENTAR

2.1 Personalidade Jurídica das Pessoas Jurídicas

A personalidade jurídica é a qualidade para que uma pessoa seja titular de direitos e deveres na ordem civil, nesse contexto, as pessoas que possuem personalidade jurídica são as pessoas físicas, que também chamadas de pessoas naturais, e as pessoas jurídicas, que podem ser consideradas como um grupo de pessoas com uma finalidade em comum.

> Personalidade jurídica é a aptidão genérica para titularizar direitos e contrair obrigações, ou, em outras palavras, é o atributo para ser sujeito de direito. Adquirida a personalidade, o ente passa a atuar, na qualidade de sujeito de direito (pessoa natural ou jurídica), praticando atos e negócios jurídicos dos mais diferentes matizes (GAGLIANO, 2017, p. 44).

Por conseguinte, em um primeiro momento, é necessário realizar a distinção entre pessoa física (natural) e pessoa jurídica, mesmo que ambas sejam sujeitos dotados de personalidade jurídica.

Para Pablo Stolze (2017), a pessoa natural, é o ser humano, enquanto sujeito/destinatário de direitos e obrigações. Sendo assim, a personalidade jurídica de uma pessoa física tem início a partir de seu nascimento, conforme dispõe o art. 2º do Código Civil "A personalidade civil da pessoa começa do nascimento com vida; mas a lei põe a salvo, desde a concepção, os direitos do nascituro".

Por outro lado, a pessoa jurídica, de acordo com Maria Helena Diniz (2008), é a unidade de pessoas naturais ou de patrimônios que visa à obtenção de certas finalidades, reconhecidas pela ordem jurídica como sujeito de direito e obrigações.

Assim sendo, é imprescindível aprofundar-se no estudo da pessoa jurídica e seus aspectos, tendo em vista ser a origem do tema do presente trabalho.

2.1.1 Da pessoa jurídica e seus aspectos

A pessoa jurídica consiste na reunião de pessoas ou bens com um objetivo comum de realizar determinadas atividades, dotadas de personalidade jurídica, estando sujeitas a direitos e deveres amparados pela lei.

> As pessoas jurídicas, denominadas pessoas coletivas, morais, fictícias ou abstratas, podem ser conceituadas como sendo conjuntos de pessoas ou de bens arrecadados, que adquirem personalidade

> jurídica própria por uma ficção legal. (TATURCE, 2018, p. 155).

Para Sílvio Rodrigues (2007), as pessoas jurídicas são entidades a que a lei empresta personalidade, ou seja, são seres que atuam na vida jurídica, com personalidade diversa da dos indivíduos que as compõem, capazes de serem sujeitos de direitos e obrigações na ordem civil.

Um aspecto importante no estudo da personalidade jurídica conferida à pessoa jurídica é que a personalidade desta independente e é diferenciada da personalidade jurídica atribuída aos indivíduos que fazem parte dela, mesmo que eles sejam responsáveis pela sociedade criada.

Maria Helena Diniz (2008) destaca que a pessoa jurídica possui personalidade própria, da qual inclui direitos, deveres e obrigações, distinta dos sócios ou membros que dela façam parte, sendo independente dos indivíduos que a compõem.

Portanto, em regra, não se confunde pessoa física e pessoa jurídica. No entanto, existe uma exceção à regra, que é justamente a chamada desconsideração da personalidade jurídica. Por meio deste instituto, se desconsidera a pessoa jurídica e ataca diretamente os sócios – ou vice-versa, desde que preenchidos os requisitos para a aplicação desta teoria.

> Mesmo não havendo previsão expressa no Código Civil de 2002, permanece a regra que constava no art. 20 da codificação material anterior, pela qual a pessoa jurídica tem existência distinta dos seus membros. Essa concepção é inerente à própria identidade da pessoa jurídica. Mas tal regra pode ser afastada, nos casos de desvio de finalidade ou abuso da personalidade jurídica, situações em que merece aplicação o art. 50 do CC, que trata da desconsideração da personalidade jurídica. (FLÁVIO TARTUCE, 2018, p. 156).

Superado o estudo dos aspectos iniciais inerentes à pessoa jurídica, necessário se faz entender o momento em que se dá o surgimento da pessoa jurídica efetivamente, bem como quando esta adquire a personalidade jurídica.

2.1.2 Aquisição da personalidade jurídica

É importante começar destacando quando efetivamente a pessoa jurídica adquire personalidade jurídica e começa a sua existência legal, ou seja, quando de fato ela nasce e passa a ser titular de direitos e obrigações, tema este previsto no *caput* do art. 45 do Código Civil:

> Começa a existência legal das pessoas jurídicas de direito privado com a inscrição do ato constitutivo

> no respectivo registro, procedida, quando necessário, de autorização ou aprovação do Poder Executivo, averbando-se no registro todas as alterações por que passar o ato constitutivo (BRASIL, 2002, art. 45).

Os atos que constituem a pessoa jurídica de direito privado conforme acima mencionado, são o contrato social ou o estatuto social (que serão realizados conforme a destinação da sociedade). No documento constitutivo serão constadas todas as informações a respeito do funcionamento jurídico da sociedade, como seus direitos, deveres e obrigações, sendo que este documento deverá ser registrado em órgão competente, momento em que começará a existência legal da pessoa jurídica.

> Nesse sentido, a inscrição do ato constitutivo ou do contrato social no registro competente — junta comercial, para as sociedades mercantis em geral, e cartório de registro civil de pessoas jurídicas, para as fundações, associações e sociedades civis — é condição indispensável para a atribuição de personalidade à pessoa jurídica. Lembre-se, todavia, de que, em algumas hipóteses, exige-se, ainda, autorização do Poder Executivo para o seu funcionamento (GAGLIANO, 2017, p. 95).

Sobre o registro próprio para a inscrição dos atos constitutivos, vale transcrever o art. 1.150 do Código Civil, que preceitua:

> O empresário e a sociedade empresária vinculam-se ao Registro Público de Empresas Mercantis a cargo das Juntas Comerciais, e a sociedade simples ao Registro Civil das Pessoas Jurídicas, o qual deverá obedecer às normas fixadas para aquele registro, se a sociedade simples adotar um dos tipos de sociedade empresária (BRASIL, 2002, art. 1150).

A mera pretensão de constituir a pessoa jurídica não é o suficiente, sendo que o reconhecimento efetivo de sua existência estará condicionado ao ato registral, assim como dispõe o artigo 985 do Código Civil: "A sociedade adquire personalidade jurídica com a inscrição, no registro próprio e na forma da lei, dos seus atos constitutivos". (BRASIL, 2002, art. 985)

Deste modo, efetuado o devido registro, a sociedade passa a adquirir a chamada personalidade jurídica mencionada anteriormente.

2.1.3 Efeitos da personalidade jurídica

Com a inscrição do ato constitutivo a pessoa jurídica adquire a personalidade jurídica de fato, passando a ser considerada sujeito de direito para praticar atos e negócios jurídicos.

Por conseguinte, o efeito imediato da aquisição da personalidade jurídica pela pessoa jurídica é a chamada autonomia ou separação patrimonial, responsável por estabelecer a separação entre o patrimônio da pessoa jurídica (já personificada) e o patrimônio das pessoas que a compõem.

> Os efeitos da personalidade jurídica estão estritamente ligados ao princípio da autonomia patrimonial, uma vez que seus efeitos norteiam o entendimento de que o ente criado para responder em nome da pessoa jurídica, quando devidamente registrado em órgão competente, ela tem autonomia patrimonial para administrar seus bens (ARAGÃO, 2019).

Conforme preceitua Fabio Ulhoa Coelho (2009, p. 16), "a personalização das sociedades empresárias decorre o princípio da autonomia patrimonial, que é um dos elementos fundamentais do direito societário. Em razão desse princípio, os sócios não respondem, em regra, pelas obrigações da sociedade".

Nesse sentido, dispõe o art. 1.024 do Código Civil, "os bens particulares dos sócios não podem ser executados por dívidas da sociedade, senão depois de executados os bens sociais".

Portanto, a regra consiste na preservação da separação patrimonial entre a pessoa jurídica e seus sócios.

Ocorre que, em decorrência desta separação ou autonomia patrimonial, que protege o patrimônio pessoal dos sócios, estes podem pretender se valer da pessoa jurídica para praticar fraudes contra credores, abstendo-se de responder por tais obrigações.

Sobre o mau uso da pessoa jurídica, Fábio Ulhoa Coelho explica:

> Para impedir que a autonomia patrimonial da sociedade empresária possa ser utilizada como instrumento de fraude ou abuso de direito em prejuízo da satisfação de um interesse do consumidor, prevê-se a desconsideração daquela autonomia para a efetivação da responsabilidade sobre bens do patrimônio de quem perpetrou o mau uso da pessoa jurídica (COELHO, 2010, p. 130).

Diante disso, no intuito de coibir a indevida e irregular utilização da pessoa jurídica, o Código de Processo Civil de 2015 estabeleceu em seu artigo 133 e seguintes, o incidente da desconsideração da personalidade jurídica, instituto que permite a quebra da autonomia patrimonial, tema do tópico a seguir.

2.2 Da Teoria da Desconsideração da Personalidade Jurídica

Busca-se nesse item, de forma sucinta demonstrar a teoria da desconsideração da personalidade jurídica, evidenciando a importância de sua aplicabilidade dentro do ordenamento jurídico, bem como as teorias existentes acerca do instituto.

> A desconsideração da personalidade jurídica nasceu, na verdade, para corroborar o instituto do princípio da autonomia patrimonial da pessoa jurídica, evitando-se que haja fraude ou abuso de direito. Assim, ela é um reforço indireto para que sócios e administradores atuem visando ao bem comum da sociedade empresária, preservando-a e mantendo a sua função social, coibindo a manipulação da pessoa jurídica com o fim de fraudar credores. (BUSHATSKY, 2018, p. 301).

Como bem expõe Flávio Tartuce (2018), a teoria da desconsideração da personalidade jurídica permite que o juiz desconsidere os efeitos da personificação da sociedade, atingindo e vinculando a responsabilidade aos sócios que cometeram fraudes e abusos, causando prejuízos e danos a terceiros, principalmente a credores da empresa. Dessa forma, os bens particulares dos sócios passam a responder pelas dívidas da pessoa jurídica.

O instituto, também chamado de *disregard doctrine*, encontra-se consagrado no art. 50 do Código Civil:

> Em caso de abuso da personalidade jurídica, caracterizado pelo desvio de finalidade ou pela

> confusão patrimonial, pode o juiz, a requerimento da parte, ou do Ministério Público quando lhe couber intervir no processo, desconsiderá-la para que os efeitos de certas e determinadas relações de obrigações sejam estendidos aos bens particulares de administradores ou de sócios da pessoa jurídica beneficiados direta ou indiretamente pelo abuso (BRASIL, 2002, art. 50).

Para que seja decretada a desconsideração da personalidade jurídica, o juiz deverá observar a existência de alguma das hipóteses que a geram, e, para isso, a doutrina e a jurisprudência reconhecem existência de duas teorias: a teoria maior e a teoria menor.

2.2.1 Teoria Maior

A Teoria Maior, como o próprio nome diz, consiste no cumprimento de mais requisitos para que o juiz desconsidere a autonomia patrimonial da pessoa jurídica, ou seja, é necessário comprovar a fraude ou o abuso realizado pelo sócio.

> Pode-se dizer que o Código Civil de 2002 adotou a Teoria Maior, pois tais situações acima devem ser demonstradas pelo credor que se vê prejudicado além da insolvência. Pode ocorrer a desconsideração da personalidade por simples despacho judicial, conforme sinaliza a

> jurisprudência. O abuso de direito constitui o fundamento para a desconsideração da personalidade jurídica. (PINTO, 2014, p. 134).

A Teoria Maior está prevista no artigo 50 do Código Civil e traz consigo a concepção de que a personalidade jurídica só poderá ser desconsiderada nos casos de abuso da personalidade jurídica, caracterizado pelo desvio de finalidade, ou pela confusão patrimonial e não com o mero inadimplemento.

Conforme se depreende do julgamento do REsp 279/273/SP, cuja relatora para o acórdão foi a Min. Nancy Andrighi, no sistema jurídico brasileiro a teoria maior da desconsideração, não pode ser aplicada com a mera demonstração de estar a pessoa jurídica insolvente para o cumprimento de suas obrigações. Exige-se, aqui, para além da prova de insolvência, ou a demonstração de desvio de finalidade (teoria subjetiva da desconsideração), ou a demonstração de confusão patrimonial (teoria objetiva da desconsideração). (STJ, 2004).

Nesse contexto, a Teoria Maior também considera como requisitos passíveis de decretação da desconsideração, os contidos no *caput* do artigo 28 do Código de Defesa do Consumidor, o qual dispõe:

> Art. 28. O juiz poderá desconsiderar a personalidade jurídica da sociedade quando, em detrimento do consumidor, houver abuso de direito, excesso de poder, infração da lei, fato ou ato ilícito

> ou violação dos estatutos ou contrato social. A desconsideração também será efetivada quando houver falência, estado de insolvência, encerramento ou inatividade da pessoa jurídica provocados por má administração (BRASIL, 1990)

Desta maneira, pela teoria maior, a desconsideração da personalidade jurídica poderá ser decretada desde que demonstrados os requisitos necessários, sendo eles a comprovação do desvio de finalidade, a confusão patrimonial, a fraude ou o abuso de direito.

2.2.1.1 Desvio de Finalidade e Confusão Patrimonial

A redação do artigo 50 do Código Civil estabelece que, em casos de abuso da personalidade jurídica, o juiz poderá desconsiderá-la, pontuando a existência de um vínculo entre o abuso e o desvio de finalidade ou a confusão patrimonial.

O §1º do artigo acima referido disciplina sobre o que se entende por desvio de finalidade "[...] é a utilização da pessoa jurídica com o propósito de lesar credores e para a prática de atos ilícitos de qualquer natureza". (BRASIL, 2002, art. 50).

O desvio de finalidade acontece quando os sócios passam a usar intencionalmente da pessoa jurídica para praticar atos que são diversos da finalidade para que foi criada, com o intuito de lesar seus credores.

No tocante à confusão patrimonial, esta ocorre quando o patrimônio do sócio se confunde com o patrimônio da pessoa jurídica, afastando-se assim o manto da autonomia patrimonial.

Gonçalves pondera a forma como ocorre da confusão patrimonial:

> Configura-se a confusão patrimonial quando a sociedade paga dívidas do sócio, ou este recebe créditos dela, ou o inverso, não havendo suficiente distinção, no plano patrimonial, entre pessoas — o que se pode verificar pela escrituração contábil ou pela movimentação de contas de depósito bancário. Igualmente constitui confusão, a ensejar a desconsideração da personalidade jurídica da sociedade, a existência de bens de sócio registrados em nome da sociedade, e vice-versa (GONÇALVES, 2012, p. 239).

A confusão patrimonial encontra-se prevista no artigo 50, §2º do Código Civil, trazendo em seus incisos as hipóteses que a caracterizam:

> Art. 50: Entende-se por confusão patrimonial a ausência de separação de fato entre os patrimônios, caracterizada por: I - cumprimento repetitivo pela sociedade de obrigações do sócio ou do

> administrador ou vice-versa; II - transferência de ativos ou de passivos sem efetivas contraprestações, exceto os de valor proporcionalmente insignificante; e III - outros atos de descumprimento da autonomia patrimonial (BRASIL, 2002).

2.2.2 Teoria Menor

De acordo com a Teoria Menor, a mera comprovação do inadimplemento por parte da sociedade servirá como justificativa para a decretação da desconsideração. Por se dar de forma tão simples, a teoria menor será aplicada em apenas em dois casos específicos: as relações de consumo e os crimes ambientais.

Na Teoria Menor não é exigido o abuso de personalidade para a incidência da desconsideração, bastando que haja a simples insolvência da pessoa jurídica ocasionando o prejuízo do credor.

O Código de Defesa do Consumidor (1990) adotou a aplicabilidade da Teoria Menor, dispondo em seu art. 28, §5º que "poderá ser desconsiderada a pessoa jurídica sempre que a sua personalidade for, de alguma forma, obstáculo ao ressarcimento de prejuízos causados aos consumidores".

A Teoria Menor também incide na Lei de Crimes Ambientais (Lei n.º 9.605/1998) em seu artigo 4º, ao prever que "poderá ser desconsiderada a pessoa jurídica sempre que sua personalidade for obstáculo ao ressarcimento de prejuízos causados à qualidade do meio ambiente".

> Essa teoria foi adotada pela Lei 9.605/1998 – para os danos ambientais – e, supostamente, pelo art. 28 do Código de Defesa do Consumidor. Relativamente ao Código de Defesa do Consumidor, diz-se supostamente pela redação do § 5.º do seu art. 28, bastando o mero prejuízo ao consumidor, para que a desconsideração seja deferida (TARTUCE, 2018, p. 178).

Consoante julgamento do REsp 279/273/SP, para a teoria menor, o risco empresarial normal às atividades econômicas não pode ser suportado pelo terceiro que contratou com a pessoa jurídica, mas pelos sócios e/ou administradores desta, ainda que estes demonstrem conduta administrativa proba, isto é, mesmo que não exista qualquer prova capaz de identificar conduta culposa ou dolosa por parte dos sócios e/ou administradores da pessoa jurídica. (STJ, 2004).

Compreendido o instituto da desconsideração da personalidade jurídica, bem como suas teorias, necessário se faz tratar da chamada desconsideração inversa. Como o próprio nome sugere, acontecerá de forma oposta da acima explanada, ou seja, a pessoa jurídica servirá como um meio de ocultar o patrimônio do sócio.

2.2.3 Da desconsideração inversa

A desconsideração inversa da pessoa jurídica é um instituto que tem como objetivo inibir a possibilidade dos devedores agirem de forma fraudulenta para prejudicar seus credores, o que significa dizer que decretada a aplicabilidade da desconsideração, as obrigações do sócio serão estendidas aos bens da pessoa jurídica.

A possibilidade da desconsideração da personalidade jurídica na sua forma inversa surgiu, a princípio, com entendimento jurisprudencial e doutrinário, partindo da teoria maior, sendo disciplinada pelo Código Civil, em seu artigo 50, §3º, prevendo que "o disposto no *caput* e nos §§ 1º e 2º deste artigo também se aplica à extensão das obrigações de sócios ou de administradores à pessoa jurídica".

Nesse sentido, ainda trata o Código de Processo Civil, em seu artigo 133, §2º a respeito da desconsideração inversa: "aplica-se o disposto neste Capítulo à hipótese de desconsideração inversa da personalidade jurídica".

Nas palavras de Fábio Ulhoa Coelho:

> Caracteriza-se a desconsideração inversa quando é afastado o princípio da autonomia patrimonial da pessoa jurídica para responsabilizar a sociedade por obrigação do sócio, como, por exemplo, na hipótese de um dos cônjuges, ao adquirir bens de maior

> valor, registrá-los em nome de pessoa jurídica sob seu controle, para livrá-los da partilha a ser realizada nos autos da separação judicial. Ao se desconsiderar a autonomia patrimonial, será possível responsabilizar a pessoa jurídica pelo devido ao ex-cônjuge do sócio (COELHO, 2012, p. 45).

Portanto, fica evidente que o ato de transferir o patrimônio da pessoa física para a pessoa jurídica de maneira fraudulenta, ou adquirir bens e os registrar em nome da pessoa jurídica utilizando-se de tal artifício para esconder patrimônio e consequentemente de lesar algum credor, gera a invalidação da autonomia patrimonial, passando-se a responsabilidade de adimplir a obrigação à pessoa jurídica, na parte que convém àquele sócio que promoveu a fraude ou confusão.

Importante salientar que os pressupostos que configuram a desconsideração inversa são os mesmos necessários na teoria maior da desconsideração tradicional, ou seja, o desvio de finalidade ou a confusão patrimonial.

Esse instituto deve ser aplicado com cautela, resguardando não apenas os direitos dos credores particulares do sócio, como também o patrimônio necessário para a manutenção da pessoa jurídica, devendo o instituto ser aplicado, via de regra, apenas sobre o patrimônio que o sócio devedor ocultou na sociedade.

> Na medida em que a lei estabelece a separação entre a pessoa jurídica e os membros que a compõem, consagrando o princípio da autonomia patrimonial, os sócios não podem ser considerados os titulares dos direitos ou os devedores das prestações relacionados ao exercício de atividade econômica, explorada em conjunto. (COELHO, 2008, p. 14).

Nesse momento se faz importante retornar ao exemplo típico da situação em que o sócio se utiliza da pessoa jurídica para o abuso de direito e a fraude contra credores, associando a aplicabilidade do instituto da desconsideração da personalidade jurídica inversa ao Direito de Família.

Acerca do tema, salienta Carlos Roberto Gonçalves (2012, p. 241) sobre a teoria da *disregard* no Direito de Família, que é comum verificar, nas relações conjugais e de uniões estáveis, que os bens adquiridos para uso dos consortes ou companheiros, móveis e imóveis, encontram-se registrados em nome de empresas de que participa um deles. Ou seja, um dos cônjuges vale-se da proteção societária como um artefato para realizar manobras fraudatórias, reduzindo o patrimônio do casal à zero.

O mesmo autor pondera acerca das relações entre pais e filhos:

> Não raras vezes, também, o pai esconde seu patrimônio pessoal, na estrutura societária da

> pessoa jurídica, com o reprovável propósito de esquivar-se do pagamento de pensão alimentícia devida ao filho. A aplicação da teoria da desconsideração da pessoa jurídica, quando se configurar o abuso praticado pelo marido, companheiro ou genitor em detrimento dos legítimos interesses de seu cônjuge, companheiro ou filho, constituirá um freio às fraudes e abusos promovidos sob o véu protetivo da pessoa jurídica. (GONÇALVES, 2012, p. 241).

Diante da evidente possibilidade de se desconsiderar a personalidade jurídica de forma inversa na seara familiar, dá-se ensejo às questões processuais inerentes ao instituto quando aplicado aos processos de alimentos.

2.3 Aspectos Processuais Inerentes à Incidência da Desconsideração da Personalidade Jurídica

Inicialmente, ao discorrer sobre os aspectos processuais inerentes à incidência da desconsideração da personalidade jurídica, ressalta-se que tal instituto é próprio do Direito Civil, tratando-se, portanto, de uma questão de direito material, não sendo necessário o seu aprofundamento, uma vez que já exposto no Capítulo 3 do presente trabalho.

Nesse contexto, conforme os ensinamentos de Humberto Theodoro Júnior:

> O fenômeno da desconsideração da personalidade jurídica é, originariamente, de direito material, porque é nele que se estabelece a distinção e autonomia da pessoa jurídica em face das pessoas físicas que a integram e administram. O que cabe ao direito processual, *in casu*, é estabelecer o procedimento por meio do qual se pode definir a ocorrência do fenômeno de direito material, no caso concreto. (JUNIOR, 2014, p. 42).

O incidente da desconsideração é considerado uma forma de intervenção de terceiros, uma vez que amplia o objeto do processo, levando mais um sujeito para a relação jurídica processual.

Pois bem, o Código de Processo Civil de 2015, instituiu um procedimento para a incidência da desconsideração, objetivando esclarecer os meios processuais necessários para atingir o patrimônio da pessoa jurídica ou da pessoa física que praticar atos danosos a seus credores.

Antes de delinear os artigos que tratam do procedimento da desconsideração da personalidade jurídica, vale ressaltar que há de se comprovar os requisitos constantes do artigo 50 do Código Civil, conforme pondera Humberto Theodoro Júnior:

> Para o deslocamento da responsabilidade, no caso de desconsideração da personalidade, o juiz não

> pode agir discricionariamente. Deve, antes de tudo, proceder à verificação de que se acham comprovados nos autos os requisitos enumerados no art. 50 do Código Civil, o que terá de acontecer, a requerimento do credor, em incidente no qual se cumpra adequadamente o contraditório (JUNIOR, 2014, p. 45).

Encontra assento no Código de Processo Civil, notadamente em seus artigos 133 e seguintes, os procedimentos que devem ser respeitados para que a desconsideração da personalidade jurídica ocorra. O artigo 133, juntamente com seus parágrafos, dispõe inicialmente sobre a instauração do instituto da desconsideração, os sujeitos interessados e a possibilidade da aplicação de forma inversa:

> Art. 133. O incidente de desconsideração da personalidade jurídica será instaurado a pedido da parte ou do Ministério Público, quando lhe couber intervir no processo. § 1º O pedido de desconsideração da personalidade jurídica observará os pressupostos previstos em lei. § 2º Aplica-se o disposto neste Capítulo à hipótese de desconsideração inversa da personalidade jurídica (BRASIL, 2015).

O artigo 134 *caput* diz respeito ao cabimento do incidente processual, podendo este ser instaurado em qualquer fase do processo, podendo o credor a qualquer momento requerê-lo, apresentando os fatos para posterior análise do juiz.

Por força do parágrafo 2º, a desconsideração da personalidade jurídica poderá ainda, ser requerida na própria petição inicial, momento em que não haverá o incidente processual, devendo o sócio e a pessoa jurídica serem citados.

> Art. 134. O incidente de desconsideração é cabível em todas as fases do processo de conhecimento, no cumprimento de sentença e na execução fundada em título executivo extrajudicial. § 1º A instauração do incidente será imediatamente comunicada ao distribuidor para as anotações devidas. § 2º Dispensa-se a instauração do incidente se a desconsideração da personalidade jurídica for requerida na petição inicial, hipótese em que será citado o sócio ou a pessoa jurídica.§ 3º A instauração do incidente suspenderá o processo, salvo na hipótese do § 2º. § 4º O requerimento deve demonstrar o preenchimento dos pressupostos legais específicos para desconsideração da personalidade jurídica. (BRASIL, 2015).

O parágrafo 3º do artigo supra dispõe que se instaurado o incidente de desconsideração da personalidade jurídica, suspende o processo principal salvo se este pedido de desconsideração da personalidade jurídica for feito na inicial. Já o parágrafo 4º refere-se aos fatos e provas que o autor do pedido deverá levar aos autos.

Instaurado o incidente de desconsideração da personalidade jurídica, o artigo 135 determina que o sócio ou a pessoa jurídica devem ser intimados para no prazo de quinze dias responder e também requerer a provas que entender cabíveis. Assim, o incidente demonstra a expressa manifestação sobre o princípio do contraditório e da ampla defesa. É o que Humberto Theodoro Júnior esclarece:

> De tal forma, o contraditório e a ampla defesa são assegurados, e a penhora dos bens particulares do sócio somente acontecerá após o julgamento do incidente. Não há necessidade, porém, de aguardar-se o trânsito em julgado, visto que o recurso manejável não é provido de efeito suspensivo (JUNIOR, 2014, p. 43).

Por fim, os artigos 136 e 137 trazem à baila os recursos cabíveis da decretação da desconsideração da personalidade jurídica e estabelece que depois de decretada, eventuais alienações de patrimônio serão consideradas fraudes à execução, desde o momento da citação.

2.4 Aplicação da Desconsideração da Personalidade Jurídica aos Processos de Natureza Alimentar

Antes de iniciar o tema proposto por este capítulo, é indispensável conceituar o que vem a serem alimentos dentro do Direito de Família.

2.4.1 Dos Alimentos no Direito de Família

Inicialmente é importante distinguir o conceito jurídico de alimentos do conceito clássico. No âmbito jurídico, alimentos é tudo que é preciso para se ter uma vida digna, ou seja, necessário para a sobrevivência.

> Quando, cotidianamente, utiliza-se a expressão "alimentos", é extremamente comum se fazer uma correspondência com a noção de "alimentação", no sentido dos nutrientes fornecidos pela comida. Todavia, a acepção jurídica do termo é muito mais ampla. De fato, juridicamente, os alimentos significam o conjunto das prestações necessárias para a vida digna do indivíduo (GAGLIANO, FILHO, 2012, p. 595)

O direito aos alimentos possui extrema função social, uma vez que perfaz um elemento que protege o direito à vida, pois não existe vida sem o mínimo para prover esta condição. É necessário para o alimentante que venha a perceber tais verbas, tendo em vista que não pode suprir suas necessidades por meios próprios.

Conforme disciplina Pablo Stolze (2012), o fundamento da "prestação alimentar" encontra assento nos princípios da dignidade da pessoa humana, vetor básico do ordenamento jurídico como um todo, e, especialmente, no da solidariedade familiar.

Para tanto, a Constituição Federal em seu artigo 1º tratou de garantias constitucionais de cunho essencial à manutenção da vida humana, e ao conceituar a dignidade da pessoa humana, deu ensejo a tutelar que é tudo aquilo que seja essencial à vida, não podendo ser removido ou modificado sem que haja prejuízo ao ser humano.

> Art. 1º: A República Federativa do Brasil, formada pela união indissolúvel dos Estados e Municípios e do Distrito Federal, constitui-se em Estado Democrático de Direito e tem como fundamentos [...] III – a dignidade da pessoa humana (BRASIL, 1988).

Quando se trata de conceito de verbas alimentícias dentro de uma sociedade familiar ou conjugal, este se estende para aquelas que dizem respeito à subsistência ou para manter o padrão de vida do credor, ou seja, aquele que faz jus a receber os alimentos, aquele que perceberá uma eventual pensão alimentícia.

Para André Ramos Tavares (2010) a dignidade da pessoa humana, diferentemente de outros direitos, não é fruto de um mero aspecto referente às relações de existência ou não do ser humano, e sim, é uma característica que o difere dos demais seres.

Em se tratando de direito de família, tal princípio prevê que, a cada membro parte do seio familiar, lhe sejam garantidos direitos como interesses afetivos, assim como assistência educacional aos filhos, assistência alimentar e social, com o objetivo de manter a família.

> É dever da família, da comunidade, da sociedade em geral e do poder público assegurar, com absoluta prioridade, a efetivação dos direitos referentes à vida, à saúde, à alimentação, à educação, ao esporte, ao lazer, à profissionalização, à cultura, à dignidade, ao respeito, à liberdade e à convivência familiar e comunitária. (BRASIL, 1990).

Nessa linha, são consideradas como envolvidas no conceito de alimentos todas as prestações necessárias para a vida e a afirmação da dignidade do indivíduo.

A partir disso serão analisados alguns pressupostos para a fixação desses alimentos. Tradicionalmente, o artigo 1.695 do Código Civil estabelece um binômio para tal fixação: "São devidos os alimentos quando quem os pretende não tem bens suficientes, nem pode prover, pelo seu trabalho, à própria mantença, e aquele, de quem se reclamam, pode fornecê-los, sem desfalque do necessário ao seu sustento" (BRASIL, 2002)

Entretanto, a doutrina mais moderna permite a análise de um terceiro pressuposto, sendo eles: necessidade, possibilidade e proporcionalidade, formando-se assim o trinômio. Ou seja, definida a necessidade do alimentando e a possibilidade do alimentante, deverá ser observado posteriormente, a proporcionalidade.

> Qual seria o terceiro pressuposto? Exatamente a justa medida entre estas duas circunstâncias fáticas: a razoabilidade ou proporcionalidade. Vale dizer, importa não somente a necessidade do credor ou a capacidade econômica do devedor, mas, sim, a conjunção dessas medidas de maneira adequada. A fixação de alimentos não é um "bilhete premiado de loteria" para o alimentando (credor), nem uma "punição" para o alimentante (devedor), mas, sim, uma justa composição entre a necessidade de quem pede e o recurso de quem paga (GAGLIANO, FILHO, 2012, p. 596/597).

Importante ressaltar que não existe determinação legal sobre porcentagem ou valor mínimo a ser pago na pensão alimentícia, a fixação é realizada diante da análise de cada pressuposto acima mencionado.

2.4.2 Aplicabilidade do Instituto da Desconsideração da Personalidade Jurídica nos Processos de Natureza Alimentar

Embora não haja disciplina específica sobre a aplicabilidade do instituto da desconsideração da personalidade jurídica, tem sido admitida tal medida, tanto pela doutrina quanto pela jurisprudência, aplicando-se os mesmos pressupostos da desconsideração clássica.

Além do já disciplinado no Código Civil, a desconsideração inversa também foi reconhecida no âmbito doutrinário, pelo Enunciado n. 283, da IV Jornada de Direito Civil, do Conselho da Justiça Federal (2006), "é cabível a desconsideração da personalidade jurídica denominada 'inversa' para alcançar bens de sócio que se valeu da pessoa jurídica para ocultar ou desviar bens pessoais, com prejuízo a terceiros".

De acordo com Carlos Roberto Gonçalves (2012), é comum verificar nas relações de família, manobras fraudatórias do devedor, valendo-se da proteção societária para ocultar seus bens e não arcar com suas obrigações:

> Não raras vezes, o pai esconde seu patrimônio pessoal, na estrutura societária da pessoa jurídica, com o reprovável propósito de esquivar-se do pagamento de pensão alimentícia devida ao filho. A aplicação da teoria da desconsideração da pessoa jurídica, quando se configurar o abuso praticado

> pelo marido, companheiro ou genitor em detrimento dos legítimos interesses de seu cônjuge, companheiro ou filho, constituirá um freio às fraudes e abusos promovidos sob o véu protetivo da pessoa jurídica (GONÇALVES, 2012, p. 598).

De forma direta, o que ocorre é que o devedor, na intenção de ocultar seu patrimônio do credor (alimentando), utiliza-se da pessoa jurídica de forma fraudulenta, intentando que seja reduzido o valor da prestação alimentar, uma vez que são analisados os pressupostos necessidade, possibilidade e proporcionalidade para a fixação da mesma.

Nas relações familiares deve sempre prevalecer o dever de respeito e estima, a fraude para tentar burlar os alimentos de seus dependentes, ao falsear uma realidade financeira para fazê-la parecer diminuta, ou se valer da pessoa jurídica para desviar bens possíveis de serem atingidos para adimplir o crédito alimentar, fere gravemente este dever.

Para verificar-se a importância que referido instituto possui para as questões familiares, apresenta-se o seguinte julgado:

> AGRAVO DE INSTRUMENTO. INCIDENTE DE DESCONSIDERAÇÃO INVERSA DA PERSONALIDADE JURÍDICA. DECISÃO QUE DEFERIU A LIMINAR PARA DETERMINAR A INDISPONIBILIDADE DE BEM IMÓVEL, BEM COMO A CITAÇÃO DE TERCEIRA

> PESSOA EM CUJO NOME ENCONTRA-SE REGISTRADO O BEM. INCIDENTE INSTAURADO NO CURSO DE EXECUÇÃO DE PRESTAÇÃO ALIMENTÍCIA. BEM IMÓVEL QUE TERIA SIDO OBJETO DE CONTRATO PARTICULAR DE COMPRA E VENDA FIRMADO PELA SOCIEDADE EMPRESÁRIA, CUJO ADMINISTRADOR ERA O ALIMENTANTE E, POSTERIORMENTE, TRANSFERIDO A SUA ESPOSA, SENDO UTILIZADO PELO SÓCIO PARA FINS PARTICULARES. PRESENTES OS PRESSUPOSTOS PARA DEFERIMENTO DA LIMINAR PLEITEADA. INCIDÊNCIA DO DISPOSTO NO ART. 300 DO CPC. IMBRÓGLIO PATRIMONIAL QUE DENOTA A PROBABILIDADE DO DIREITO ALEGADO. CARACTERIZAÇÃO DE RISCO AO RESULTADO ÚTIL DO PROCESSO DECORRENTE DA POSSIBILIDADE DE TRANSFERÊNCIA FURTIVA DO PATRIMÔNIO, O QUE PREJUDICARIA OS INTERESSES DA MENOR NA EXECUÇÃO DE ALIMENTOS. RECURSO AO QUAL NEGA PROVIMENTO. (DGJUR, AGRAVO DE INSTRUMENTO - CÍVEL, 13ª C. Cív., Rel. Des. Fernando Fernandy Fernandes, j. 13.06.2018, DJ. 15/06/2018).

Por fim, não há dúvidas de que o instituto da *disregard* na modalidade inversa se mostra como uma descomplicada e importante técnica para impedir que a sociedade empresária ou uma empresa individual de responsabilidade limitada, de indiscutível valia à comunidade, seja utilizada para a prática de fraudes.

CONSIDERAÇÕES FINAIS

De todo o exposto, compreende-se que a aplicabilidade da desconsideração da personalidade jurídica inversa é um instrumento imprescindível para que a autonomia patrimonial atribuída às pessoas jurídicas não seja utilizada como forma de fraudar a prestação alimentar.

A prestação alimentar é uma garantia constitucional responsável por satisfazer as necessidades vitais de quem a recebe e, portanto, indispensável à sobrevivência digna do credor. Desta forma, o princípio da autonomia patrimonial deve ser superado, diante da existência de uma fraude cometida pelo devedor, gerando a responsabilização da pessoa jurídica por obrigações pessoais do sócio.

Diante do grande número de fraudes ocorridas no âmbito do direito de família, o incidente da desconsideração da personalidade jurídica na sua forma inversa se faz plenamente aplicável na prestação alimentar. Embora a teoria inversa tenha tido crescente evolução atualmente, sua aplicabilidade ainda não tem se mostrado eficiente nos Tribunais, uma vez que tem se entendido ser necessária maior comprovação do desvio de finalidade ou da confusão patrimonial ocasionada pelo devedor.

Entretanto, o direito aos alimentos encontra respaldo nos princípios da dignidade da pessoa humana, não devendo o princípio da autonomia patrimonial preponderar em relação a este direito fundamental.

Espera-se, assim, que a desconsideração inversa da personalidade jurídica seja entendida como uma medida útil e necessária, tendo em vista sua contribuição para a inibição de fraudes, garantindo a proteção do direito do alimentando enquanto credor.

REFERÊNCIAS

ALONSO, Paulo Sergio Gomes. **Os Efeitos da Personalização da Pessoa Jurídica e a Desconsideração da Personalidade Jurídica.** Lex Magister. Disponível em: <http://www.lex.com.br/doutrina_27643926_OS_EFEITOS_DA_PERSONALIZACAO_DA_PESSOA_JURIDICA_E_A_DESCONSIDERACAO_DA_PERSONALIDADE_JURIDICA.aspx>. Acesso em: 07 de agosto de 2020.

BEBER, Jorge Luis Costa. **ALIMENTOS E DESCONSIDERAÇÃO DA PESSOA JURÍDICA**. Sedep. Disponível em: <http://www.sedep.com.br/artigos/alimentos-e-desconsideracao-da-pessoa-juridica/>. Acesso em: 05 de maio de 2020.

BRASIL**. Lei n. 10.406, 10 de janeiro de 2002**. Institui o Código Civil. Diário Oficial da União, Brasília, DF, 11 jan. 2002. Disponível em: <http://www.planalto.gov.br/ccivil_03/Leis/2002/L10406compilada.htm>. Acesso em: 19 de abril de 2020.

BRASIL. **Lei n. 13.105, 16 de março de 2015.** Institui o Código de Processo Civil. Diário Oficial da União, Brasília, DF, 16 mar. 2015. Disponível em: <http://www.planalto.gov.br/ccivil_03/_ato2015-2018/2015/lei/l13105.htm>. Acesso em: 19 de abril de 2020.

BRASIL. **Lei n. 8.069, 13 de julho de 1990**. Dispõe sobre o Estatuto da Criança e do Adolescente e dá outras providências. Diário Oficial da União, Brasília, DF, 13 jul. 1990. Disponível em: <http://www.planalto.gov.br/ccivil_03/leis/l8069.htm>. Acesso em: 29 de maio de 2020.

BRASIL. **Lei n. 8.078, 11 de setembro de 1990**. Dispõe sobre a proteção do consumidor e dá outras providências. Diário Oficial da União, Brasília, DF, 11 set. 1990. Disponível em: <http://www.planalto.gov.br/CCIVIL_03/Leis/L8078.htm>. Acesso em: 29 de maio de 2020.

BUSHATSKY, Daniel. **Desconsideração da personalidade jurídica**. Enciclopédia Jurídica da PUCSP. 2018. Disponível em: <https://enciclopediajuridica.pucsp.br/verbete/229/edicao-1/desconsideracao-da-personalidade-juridica>. Acesso em: 16 de agosto de 2020.

COELHO, **Fábio Ulhoa Curso de direito comercial**, volume 3: direito de empresa. 13. ed. — São Paulo : Saraiva, 2012. 1. Direito comercial I.

COELHO, Fábio Ulhoa. **Manual de direito comercial : direito de empresa**. 23. ed. – São Paulo : Saraiva, 2011.

CONSELHO DA JUSTIÇA FEDERAL. **Enunciado 283.** Disponível em: <https://www.cjf.jus.br/enunciados/enunciado/249#:~:text=%C3%89%20cab%C3%ADvel%20a%20desconsidera%C3%A7%C3%A3o%20da,pessoais%2C%20com%20preju%C3%ADzo%20a%20terceiros.>. Acesso em: 21 de agosto de 2020.

DINIZ, Maria Helena. **Código Civil Anotado I. Maria Helena Diniz**. 17ª Ed. São Paulo: Saraiva, 2014.

DRUMMOND, Filipe Rocha. **A possibilidade de aplicação da desconsideração da personalidade jurídica inversa**. Conteúdo Jurídico. 2018. Disponível em: <https://conteudojuridico.com.br/consulta/Artigos/51661/a-possibilidade-de-aplicacao-da-desconsideracao-da-personalidade-juridica-inversa>. Acesso em: 20 de maio de 2020.

EMAGIS. **'Disregard doctrine' nas ações alimentícias**. Disponível em: <https://www.emagis.com.br/area-gratuita/artigos/disregard-doctrine-nas-acoes-alimenticias/>. Acesso em: 22 de abril de 2020.

FRIEDRICH, Ricardo Werner. **O Uso da Desconsideração da Personalidade Jurídica Frente ao Mal Uso da Sociedade Empresária.** Âmbito Jurídico. 2019. Disponível em: <https://ambitojuridico.com.br/cadernos/direito-civil/o-uso-da-desconsideracao-da-personalidade-juridica-frente-

ao-mal-uso-da-sociedade-empresaria-2/>. Acesso em: 30 de julho de 2020.

GAGLIANO, Pablo Stolze. **Manual de direito civil; volume único**. São Paulo: Saraiva, 2017. 1. Direito civil 2. Direito civil - Brasil I. Título II. Pamplona Filho, Rodolfo.

GAGLIANO, Pablo Stolze. **Novo curso de direito civil, volume 6 : Direito de família — As famílias em perspectiva constitucional**. 2. ed. rev., atual. e ampl. São Paulo: Saraiva, 2012.

GONÇALVES, Carlos Roberto. **Direito civil brasileiro, volume 1: parte geral**. 10. ed. São Paulo: Saraiva, 2012.

MADALENO, Rolf. **Direito de família**. 8. ed., rev., atual. e ampl. - Rio de Janeiro : Forense, 2018.

PINTO, Cristiano Vieira Sobral. **Direito civil sistematizado**. 5.ª ed. rev., atual. e ampl. Rio de Janeiro: Forense, São Paulo: MÉTODO, 2014.

SELONK, Rafael. **O momento de aplicação da desconsideração da personalidade jurídica**. Direito Net. 2012. Disponível em: <https://tecnoblog.net/247956/referencia-site-abnt-artigos/>. Acesso em: 20 de junho de 2020.

TARTUCE, Flávio. **Da desconsideração inversa da personalidade jurídica na execução de alimentos**.

Migalhas. 2020. Disponível em: <https://migalhas.uol.com.br/coluna/familia-e-sucessoes/331333/da-desconsideracao-inversa-da-personalidade-juridica-na-execucao-de-alimentos>. Acesso em: 20 de junho de 2020.

TARTUCE, Flávio. **Manual de direito civil: volume único**. 8. ed. rev, atual. e ampl. – Rio de Janeiro: Forense; São Paulo: MÉTODO, 2018.

TRIBUNAL DE JUSTIÇA DE MINAS GERAIS. Disponível em: <http://www4.tjmg.jus.br/juridico/sf/proc_peca_movimentacao2.jsp?numeroVerificador=10518100051870001201429533O>. Acesso em: 24 de agosto de 2020.

TRIBUNAL DE JUSTIÇA DO DISTRITO FEDERAL E DOS TERRITÓRIOS. Disponível em: <https://www.tjdft.jus.br/consultas/jurisprudencia/informativos/2016/informativo-de-jurisprudencia-n-329/divida-alimentar-2013-desconsideracao-inversa-da-personalidade-juridica>. Acesso em: 15 de julho de 2020.

www.ingramcontent.com/pod-product-compliance
Ingram Content Group UK Ltd.
Pitfield, Milton Keynes, MK11 3LW, UK
UKHW021938190726
13853UKWH00004B/1518

9 786583 134486